Der Blues hatte ein Baby, und sie nannten es Rock n Roll (Muddy Waters)

ÜBER MUSIK UND DIE WELT

VON

GERD STEINKOENIG

VORWORT

Prison Break, Downton Abbey, GSI Göteborg, Eight Miles High von den Byrds, Nico´s Version von Heroes.... Und doch wieder was vergessen, obwohl 10mal dran gedacht...Nee, so fangen wir gar nicht an.... Dies war der Running Gag in meinen Vorläufer-Büchern der BLOOD ON THE ROOFTOPS-Trilogie - plus Werbebooklet GERDS BLOOD - immer scheint was zu fehlen, verlor ich mich in Nebenstraßen, statt mich auf die Hauptstraße zu konzentrieren. Es waren Notizen über Musik und Mehr (Filme, TV-Serien, Bücher, Leben, Philosophie, Gedanken). Aufgebaut wie in meinen Privatsammlungen - extra chaotisch zum Schmökern ohne Inhaltsangabe, zum Entdecken, mit meinen Lieblingen ala Dark Side Of The Moon (Pink Floyd), Wind & Wuthering (Genesis), "Weißes Album" (The Beatles), Star Trek-Sagas, The Simpsons, Das Schweigen der Lämmer, Stairway To Heaven (Led Zeppelin), 2001 - Odysee im Weltraum, Miami Vice, Stephen King.... Plus den Nuancen, das Inseln wie Glorybox (Portishead) nicht fehlen dürfen. Da hab ich mich vielleicht verzettelt. Trotzdem gelang mir eine Art Mediabiografie über mich, Songs die an Erlebnisse erinnern, Alben die das Leben begleiten, Prosa über die Zeit oder Samstage oder Idylle.... Und viele Wikipedias, seien es die Nr 1-Hits von 1973 oder 2016 oder über das Rumours-Album von Fleetwood Mac oder Use Your Illussion I & II von Guns n Roses.... Und Songtexte: A Day In The Life, Time, Space Oddity.... Und ab und zu hatte ich sogar einen künstlerischen Erguss: Peter Maffay als Godfather of Schlagerrock zu titulieren - coole Idee...

So gesehen, ist folgendes Blood On The Rooftops, nächster Teil. Dieses Buch soll aber was eigenes sein, unabhängig von den "Blood"-Büchern (plus Booklet, lach). Ich möchte dieses Buch anders schreiben, weitere Nuancen und Aspekte einbauen, persönlicher aus meinem/dem Leben berichten. Im Moment dieser Worte, bin ich selbst gespannt...

Zu Beginn - schon Tradition, lach - einen Songtext:

Smells Like Teen Spirit (Nirvana) Songtext Übersetzung

Schnapp' dir einen Haufen Waffen und bring' deine Freunde mit

Es macht Spaß, zu verlieren und so zu tun als ob

Sie ist überaus gelangweilt und selbstsicher [1]

Oh nein, schon klar, das ist ein schmutziges Wort

Hallo, hallo, hallo, wie tief unten ? (4x)

Es ist weniger gefährlich, wenn die Lichter aus sind

Hier sind wir, jetzt laßt uns auch mal was sagen [2]

Ich fühl' mich dumm und ansteckend

Hier sind wir, jetzt laßt uns auch mal was sagen

Ein Mulatte, ein Albino, ein Moskito,

meine Libido

Am schlechtesten bin ich bei dem, was ich am besten kann

Und für diese Gabe fühle ich mich gesegnet

Unsere kleine Gruppe war schon immer so

Und wird es immer sein bis zum Ende

2

(Bridge & Chorus)

Weiß nicht mehr, wieso ich's schmecke

Oh ja, ich schätze, das bringt mich zum Lächeln

Ich fand es schwer, es war schwer zu finden

Ach, was auch immer, schon gut

Eine Ablehnung (10x)

_____

[1] Wortspiel mit "over-bored" ("sehr gelangweilt") und "overboard" ("über Bord", übertragend auch "durchgedreht").

[2] Oder "... jetzt laßt uns auch was beitragen" oder "... jetzt gebt uns auch mal 'ne Chance". "To entertain" heißt u.a. auch "tolerieren", "sich auf etwas einlassen" ("I don't have time to entertain your follies" = "Ich hab für deine Albernheiten grad keine Zeit").

Cobain will hier gerade nicht nur platt sagen "unterhaltet uns" in der Hauptbedeutung von "to entertain".

CHAPTER 1

Winter, Schneefall. Ich seh in das dunkle Wohnzimmer, leer geräumt, nur in meinem Kopf stehen die Couch, die Sessel, der Tisch, nur in meinem Gedankenfilm schwirren die Bilder und Worte, das pralle Leben, die Erinnerungen an die Wochenenden mit all den Gesprächen und Momenten, dem Lachen und dem Spaß. Ich schau auf die steile Treppe nach oben, ich grinse beim Blick in die Küche wegen eines Jahrhundertgags, ich linse wieder ins Wohnzimmer: kahl, leer, leblos, aber in meinem Kopf sehe ich das Paradies...

Herrliche Zeiten! Die Gänge in den legendären Waschsalon plus EinkaufSessions (inkl WischWasch-Schild im Kofferraum), spazieren und chillen am See, im Wald (inkl

Freudenschreie über die Natur), grandiose Gespräche im Auto (mit dem Running Gag "Auto will nicht mehr fahren", inklusiv Fotosession auf dem Aldiparkplatz), die Vegetariermonate (also fast...), die Suche nach dem Partygarten, das erste Treffen mit dem Wow-Effekt (ich weiß jede Minute), die Fahrt mit dem konstanierten Taxifahrer, die Pause in JohKr., DAS Wochenende (ich weiß jede Sekunde), die Fernsehshow nur für SIE, das Haus mit dem Bach und der Wiese, natürlich die coolen Kinder, die Chilloase im Be.Ho. unterm Baum, die Haustiere (inkl unserer Ch.), Sommersonnenwende mit Chat bis 5 Uhr morgens, Prosagesäusel, Nudeltopfkreationen, Wohnungsbesichtigungen, stundenlange Telefonate, die Nachtaktion mit dem Abholen aus PS (ich sag heute noch danke!) und und und.... Es sprudelt aus mir raus!! Diverse Plätze, spontane Erinnerungen :-D Vertraute Seelenverbindung! Herrliche Zeiten <3 Friends Forever!!

CHAPTER 2

Auf den 9. November fällt eine Reihe von Ereignissen, die für die deutsche Geschichte als politische Wendepunkte mit teilweise auch internationalen Auswirkungen gelten. Als besonders gravierend für die zeitgenössische öffentliche Diskussion in der rückwirkenden Betrachtung gelten dabei – beginnend in der jüngeren Vergangenheit – die Jahrestage des Mauerfalls 1989, des Beginns der Novemberpogrome 1938, des Hitler-Ludendorff-Putsches 1923 und der Novemberrevolution 1918 (Ausrufung einer deutschen Republik) in der damaligen Reichshauptstadt Berlin. Diese historischen „Schlaglichter" des deutschen Nationalstaats seit 1871 in je unterschiedlichem Kontext bilden in der Zusammenschau und der Rezeption im Verhältnis zueinander inhaltlich und ideologisch gegensätzliche und polarisierende Höhepunkte der historisch-politischen Auseinandersetzung mit der Geschichte Deutschlands, insbesondere derjenigen des 20. Jahrhunderts.

Ein Ausschnitt aus einer Wikipedia zum 9. November, meinem Geburtstag... Und mein Geburtsjahr 1959 ist nicht gleich 1959:

1959 in anderen Kalendern

Ab urbe condita   2712

Armenischer Kalender   1407–1408

Äthiopischer Kalender   1951–1952

Badi-Kalender   115–116

Bengalischer Kalender   1365–1366

Berber-Kalender   2909

Buddhistischer Kalender   2503

Burmesischer Kalender 1321

Byzantinischer Kalender   7467–7468

Chinesischer Kalender

 – Ära   4655–4656 oder

4595–4596

 – 60-Jahre-Zyklus

Erde-Hund (戊戌, 35) –

Erde-Schwein（己亥, 36）

Französischer

Revolutionskalender   CLXVII – CLXVIII

167 – 168

Hebräischer Kalender   5719 – 5720

Hindu-Kalender

  – Vikram Sambat   2015 – 2016

  – Shaka Samvat   1881 – 1882

Iranischer Kalender   1337 – 1338

Islamischer Kalender   1378 – 1379

Japanischer Kalender

  – Nengō (Ära):   Shōwa 34

 – Kōki 2619

Koptischer Kalender   1675–1676

Koreanischer Kalender

 – Dangun-Ära 4292

 – Juche-Ära   48

Minguo-Kalender   48

Olympiade der Neuzeit X VI

Seleukidischer Kalender   2270–2271

Thai-Solar-Kalender   2502

Aus jener Wiki von 1959:

1959 übernehmen auf Kuba nach der Flucht des Diktators Batista die Revolutionäre unter Fidel Castro die Macht.

Die Supermächte USA und UdSSR bemühen sich in Gesprächen um eine Abschwächung des Konfrontationskurses im Kalten Krieg. US-Vizepräsident Richard Nixon reist in die Sowjetunion, während Kreml-Führer Nikita S. Chruschtschow als erster sowjetischer Partei- und Regierungschef in die USA fährt.

In der Bundesrepublik wird Heinrich Lübke Nachfolger von Bundespräsident Theodor Heuss, nachdem Adenauer seine Pläne, sich neben dem Amt des Bundeskanzlers auch zum Bundespräsidenten wählen zu lassen, aufgeben muss. Die SPD richtet sich mit ihrem Godesberger Programm in Richtung Marktwirtschaft und Akzeptanz der Bundeswehr neu aus.

Die Hits von 1959 findet Ihr in Teil 3 meines Buches "Blood On The Rooftops". Außerdem in jenem Jahr: Alaska wird der 49. und Hawaii der 50. Bundesstaat der USA, "The Day the Music Died" – Buddy Holly, Ritchie Valens und Jiles Perry Richardson kommen bei einem Flugzeugabsturz ums Leben.

RITCHIE VALENS LYRICS

"Donna"

Oh, Donna

Oh, Donna

Oh, Donna

Oh, Donna

I had a girl

Donna was her name

Since she left me

I've never been the same

'Cause I love my girl

Donna, where can you be?

Where can you be?

Now that you're gone

I'm left all alone

All by myself

To wander and roam

'Cause I love my girl

Donna, where can you be?

Where can you be?

Oh, darlin', now that you're gone

I don't know what I'll do

All the time and all my love

For you

I had a girl

Donna was her name

Since she left me

I've never been the same

'Cause I love my girl

Donna, where can you be?

Where can you be?

Oh, Donna

Oh, Donna

Oh, Donna

Oh, Donna

CHAPTER 3

https://youtu.be/2ymkBEhdHBE

The Byrds - Eight Miles High - 9/23/1970 - Fillmore East (Official) - YouTube

Der Song aus dem Vorwort... Es ist mir ein Anliegen, immer wieder (wie schon bei den Blood On The Rooftops-Büchern) auf spezielle Versionen hinzuweisen. Und you tube ist dafür eine wahre Fundgrube. Beispiel Genesis: es wäre ein 32 GB-Stick möglich mit allen Studioalben, Livealben, remasterte Alben, die Solowerke aller Members und ex-Members, und eben all die Konzerte, Konzert-CDs die es eigentlich nicht gibt, TV-Auftritte, Videoclips, Alternative Takes, seltene B-Sides, CDs mit all den Instrumental-Parts usw... Die letzten Jahre hatte ich eifrig Datenträger zusammengestellt - natürlich sehr viel von Genesis, Pink Floyd, Beatles - mit Lieblingsalben, Favoritensongs, Musik des Zeitgeistes oder der History wegen, Konzerte, Videoclips, TV feat. Musikladen (David Bowie, The Police, Motörhead...) oder Beat-Club oder

Iljas Disco oder Rockpalast...., Musik aller Genres von Rock, Pop, Metal, Hip Hop, Deutschrock, Schlager, Disco, Techno, Jazz, Blues, Psychodelic, Progrock, Soul, Funk, Punk, Country, Folk, Reaggae, Beat, Motown, Rock n Roll, Hardrock, Kuschelrock, Elektro, Ambient, Krautrock, NDW, Swing, Trip Hop, Glamrock, Worldmusic, Alternative Rock usw., TV-Serien (komplette Folgen, Title-Themes...), Filme (komplette Filme, Trailer...), Comedy von Otto bis Michael Mittermeier, Satire (Die Anstalt, heute-show, neo magazin royale...), Sport und Fußball (z.B. FCK-Real 5:0), History und Zeitgeschehen (9/11, Mauerfall...), Zeitreisen von Am laufenden Band bis Wetten Dass oder Dalli-Dalli oder Werbung aus den70ern und 80ern... Dies und mehr auf meinem vielfältigen Datenträger-Theater... Im Prinzip ist es die visuelle Hardcore-Version von meinen Blood On The Rooftops-Büchern, lach :-D Leschs Kosmos findet sich genauso wie das komplette Spirit-Konzert aus einer Rockpalast-Nacht, 60erClips von The Mamas & The Papas bis zu den Supremes, Lieblingsfilme wie Das Schweigen der Lämmer oder 2001 - Odysee im Weltraum als Trailer/Ausschnitte, Heimatkunde mit Videos über Annweiler am Trifels und Kaiserslautern. die Don´t Speak-Clips von No Doubt (Gwen Stefani), Brothers In Arms (Dire Straits) in Miami Vice-Action, Mainzer Fastnacht, Master Of Puppets (Metallica) in Rock Am Ring, Episoden von Invasion von der Wega oder Kojak oder Der Kommissar, die Earth Warrior sind dabei, Loriot darf nicht fehlen usw usw usw, es gäbe nun eine endlose Liste... Alles auf Sticks und CD-Rs in einem Schrankeck meines Vertrauens :-D

https://youtu.be/FphKHPraIAg

The Lamb Lies Down on Broadway - Genesis [Original Mix] (1974)

CHAPTER 4

"Ich war schon oft draußen im Weltraum",

protzte der Kosmonaut, "aber ich habe

weder Gott noch Engel gesehen."

"Und ich habe schon viele kluge Gehirne operiert",

antwortete der Gehirnforscher,

"aber ich habe nirgendwo

auch nur einen einzigen Gedanken entdeckt."

(Jostein Gaarder, norweg. Schriftsteller)

In den 1970ern tätigte ein Kosmonaut tatsächlich diesen Spruch. Ein philosophisches Lieblingsthema meinerseits: Was, wo, wie ist Gott? Schöpfer? Gibt es Gott? Der ewige Kreislauf, nach dem Urknall ist vor dem Urknall! Meiner Meinung nach existiert definitiv ein höheres Wesen. Wir nennen es Gott. Andere Religionen benutzen andere Namen. Ob Christentum, Islam, Judentum, Buddhismus, Hinduismus usw - diverse Wege, aber im Endeffekt läuft es auf die gleichen Ziele heraus. Viele Menschen machen den Fehler sich über Gott zu beschweren: warum hat er dieses Unglück zugelassen? Warum lässt er Kriege zu? Ich sage: es sind die Prüfungen, die jedes Leben auferlegt bekommt. weil ich im vorigen Leben so und so war, hab ich in diesem Leben die und die Prüfungen. Außerdem: Gott vs Teufel, Gut vs Böse, Ying & Yang... Leider werden die Religionen von den Menschen (Kirchen, Tempel, Moscheen, Staatschefs usw) missbraucht. DESHALB sind die meisten Kriege - auch wenn es im Hintergrund oft eigentlich um Rohstoffe geht, aber man braucht ja einen Aufhänger um sich unverdächtig zu machen... Außerdem im 21. Jahrhundert die Fundamentalisten in allen Religionen, die Terroristen im Namen der Religionen (insbesondere die Islamisten). Und es gibt sie natürlich: DIE SEELE! Auch Tiere haben eine Seele (ok, bei Insekten und Co bin ich unsicher, aber definitiv die Säugetiere, Wirbeltiere), jeder niveauvolle Katzen- oder Hundebesitzer kann dies bestätigen (Verhalten, Gespräche usw). Mmh, haben Bäume eine Seele? Der Planet Erde ist das Hauptlebewesen, darauf die Berge, Täler, Schluchten, Wiesen - warum also sollen Bäume keine Seele haben? Es macht Spaß über solche Themen zu diskutieren, lach ;-) Woher kam das Material für den Urknall? Vom Rest des Universums vom letzten Urknall? Was ist hinter dem All? Ewige Leere? Oder existieren 100000000000000000000000000000000000000 Paralelluniversen? Eine alternative Entscheidung eines Menschen in einer Situation hat in einem Paralelluniversum dementsprechende Folgen? OK, genug Diskussionsmaterial :-D

CHAPTER 5

Ein Beispiel für 10mal dran gedacht und doch vergessen - eben fiel es mir ein: Oggy und die Kakerlaken!!!!!! Mit dem Sprecher von Pink Panther (old school-Episoden) und noch-mal-einen-mehr-drauf-Dilemma für Oggy...

CHAPTER 6

Nachfolgend aus dem Portal "Party Mega Hits" von Juni 2014 (z.B. Beste Alben All Time u.a. in den Blood Of The Rooftops-Büchern)

Die 100 kommerziell erfolgreichsten Lieder der Welt.

Besonders erfolgreiche Lieder treffen nicht nur unseren Geschmack, sie verkaufen sich auch exzellent. Oft sogar über Jahrzehnte hinweg, wie die oberen Plätze der Top 50 der meistverkauften Hits der Welt beweisen. Dabei finden sich alte Bekannte, aber auch der ein oder andere Überraschungstreffer. Nicht besonders überraschend dürfte hingegen sein, dass sehr viele Weihnachtslieder in der Hitliste vertreten sind. So ist die meistverkaufte Single der Welt "White Christmas" von Bing Crosby. Wer einmal einen solchen Klassiker gelandet hat, der kann sich jedes Jahr erneut über einen schönen Scheck freuen. Auch Wham können davon ein Lied singen. Noch ein Hinweis: Bei der unten stehenden Liste der erfolgreichen Lieder handelt es sich übrigens um tatsächlich verkaufte Tonträger, nicht um Downloads. Die gab es ja damals noch gar nicht.

Erfolgreiche Lieder: Die weltweit meist verkauften Singles

Künstler	Titel	Download	Jahr	Weltweit verkaufte Einheiten
Bing Crosby	White Christmas	Download	1942	50 Millionen
Elton John	Candle in the Wind 1997	Download	1997	33 Millionen
Bing Crosby	Silent Night	Download	1935	30 Millionen
Bill Haley & His Comets	Rock Around the Clock	Download	1954	25 Millionen
Elvis Presley	It's Now or Never	Download	1960	22 Millionen
Domenico Modugno	Nel blu dipinto di blu	Download	1958	22

Millionen

Künstler	Titel		Jahr	Verkäufe
USA for Africa	We Are the World	Download	1985	20 Millionen
The Ink Spots	If I Didn't Care	Download	1939	19 Millionen
Baccara	Yes Sir, I Can Boogie	Download	1977	16 Millionen
Celine Dion	My Heart Will Go On	Download	1997	15 Millionen
Whitney Houston	I Will Always Love You	Download	1992	15 Millionen
Mariah Carey	All I Want for Christmas Is You	Download	1994	14 Millionen
Gloria Gaynor	I Will Survive	Download	1978	14 Millionen
Scorpions	Wind of Change	Download	1991	14 Millionen
Kyu Sakamoto	Sukiyaki	Download	1961	13 Millionen
Trio	Da Da Da	Download	1981	13 Millionen
Gene Autry	Rudolph the Red-Nosed Reindeer	Download	1949	12 Millionen
Andrea Bocelli and Sarah Brightman	Time to Say Goodbye	Download	1996	12 Millionen
The Beatles	I Want to Hold Your Hand	Download	1963	12 Millionen
Village People	Y.M.C.A.	Download	1978	12 Millionen
Band Aid	Do They Know It's Christmas?	Download	1984	11,7 Millionen
Carl Douglas	Kung Fu Fighting	Download	1974	11 Millionen
Cher	Believe	Download	1998	11 Millionen
George McCrae	Rock Your Baby	Download	1974	11 Millionen
Los del Río	Macarena	Download	1995	11 Millionen
Mills Brothers	Paper Doll	Download	1943	11 Millionen
Roger Whittaker	The Last Farewell	Download	1971	11 Millionen

Interpret	Titel		Jahr	Verkäufe
Britney Spears	...Baby One More Time	Download	1998	10 Millionen
Elvis Presley	Hound Dog	Download	1956	10 Millionen
Middle of the Road	Chirpy Chirpy Cheep Cheep	Download	1971	10 Millionen
The Monkees	I'm a Believer	Download	1966	10 Millionen
Panjabi MC	Mundian To Bach Ke	Download	1998	10 Millionen
Procol Harum	A Whiter Shade of Pale	Download	1967	10 Millionen
Roy Acuff	Wabash Cannonball	Download	1942	10 Millionen
Survivor	Eye of the Tiger	Download	1982	9,14 Millionen
Paul Anka	Diana	Download	1957	9 Millionen
Shakira	Whenever, Wherever	Download	2001	8,5 Millionen
Ashanti	Foolish	Download	2002	8,2 Millionen
The Animals	The House of the Rising Sun	Download	1964	8 Millionen
Aqua	Barbie Girl	Download	1997	8 Millionen
The Beatles	Hey Jude	Download	1968	8 Millionen
Bryan Adams	(Everything I Do) I Do It for You	Download	1991	8 Millionen
Mahalia Jackson	Move On Up a Little Higher	Download	1948	8 Millionen
Mary Hopkin	Those Were the Days	Download	1968	8 Millionen
Modern Talking	You're My Heart, You're My Soul	Download	1984	8 Millionen
Nirvana	Smells Like Teen Spirit	Download	1991	8 Millionen
O-Zone	Dragostea din tei	Download	2003	8 Millionen
Ricky Martin	Livin' la Vida Loca	Download	1999	8 Millionen
Richard Sanderson	Reality	Download	1980	8 Millionen
Shocking Blue	Venus	Download	1969	7,5 Millionen
Puff Daddy featuring Faith Evans and 112	I'll Be Missing You	Download	1997	7,11 Millionen

Interpret	Titel		Jahr	Verkäufe
a-ha	Take On Me	Download	1985	7 Millionen
The Beatles	Can't Buy Me Love	Download	1964	7 Millionen
Chic	Le Freak	Download	1978	7 Millionen
Christina Aguilera	Genie in a Bottle	Download	1999	7 Millionen
Danyel Gérard	Butterfly	Download	1971	7 Millionen
Julie Rogers	The Wedding	Download	1964	7 Millionen
Las Ketchup	The Ketchup Song (Aserejé)	Download	2002	7 Millionen
Queen	Another One Bites the Dust	Download	1980	7 Millionen
Ricky Valance	Tell Laura I Love Her	Download	1960	7 Millionen
Royal Scots Dragoon Guards	Amazing Grace	Download	1972	7 Millionen
Roy Orbison	Oh, Pretty Woman	Download	1964	7 Millionen
Scott McKenzie	San Francisco (Be Sure to Wear Flowers in Your Hair)	Download	1967	7 Millionen
Queen	Bohemian Rhapsody	Download	1976	6,7 Millionen
John Travolta and Olivia Newton-John	You're the One That I Want	Download	1978	6,59 Millionen
Culture Club	Do You Really Want to Hurt Me	Download	1982	6,5 Millionen
Michael Jackson	Billie Jean	Download	1983	6,43 Millionen
ABBA	Fernando	Download	1976	6 Millionen
The Archies	Sugar, Sugar	Download	1969	6 Millionen
Bing Crosby and The Andrews Sisters	Jingle Bells	Download	1943	6 Millionen
Bonnie Tyler	It's a Heartache	Download	1977	6 Millionen
Bonnie Tyler	Total Eclipse of the Heart	Download	1983	6 Millionen
Brotherhood of Man	Save Your Kisses for Me	Download	1976	6 Millionen
Dawn featuring Tony Orlando	Tie a Yellow Ribbon Round the Ole Oak Tree	Download	1973	6 Millionen

Elvis Presley	Don't Be Cruel	Download	1956	6 Millionen
George Michael	Careless Whisper	Download	1984	6 Millionen
Harry Simeone Chorale	The Little Drummer Boy	Download	1958	6 Millionen
The Jackson 5	I Want You Back	Download	1969	6 Millionen
Janet Jackson	Together Again	Download	1997	6 Millionen
Jerry Lee Lewis	Whole Lotta Shakin' Goin' On	Download	1957	6 Millionen
Madonna	Vogue	Download	1990	6 Millionen
Mungo Jerry	In the Summertime	Download	1970	6 Millionen
Neil Diamond	Cracklin' Rosie	Download	1970	6 Millionen
The New Seekers	I'd Like to Teach the World to Sing	Download	1971	6 Millionen
Simon & Garfunkel	Bridge over Troubled Water	Download	1970	6 Millionen
Spice Girls	Wannabe	Download	1996	6 Millionen
Tony Orlando and Dawn	Knock Three Times	Download	1970	6 Millionen
Vernon Dalhart	The Prisoner's Song	Download	1924	6 Millionen
Wings	Mull of Kintyre	Download	1977	6 Millionen
Coolio featuring L.V.	Gangsta's Paradise	Download	1995	5,8 Millionen
Michael Jackson	Thriller	Download	1983	5,7 Millionen
Tino Rossi	Petit Papa Noël	Download	1946	5,7 Millionen
Christina Aguilera, Lil' Kim, Mya and Pink	Lady Marmalade	Download	2001	5,2 Millionen
Bee Gees	Stayin' Alive	Download	1977	5,1 Millionen
1910 Fruitgum Company	Simon Says	Download	1967	5 Millionen
ABBA	Waterloo	Download	1974	5 Millionen
The Beatles	She Loves You	Download	1963	5 Millionen

Bee Gees	Massachusetts	Download	1967	5 Millionen
Billy Swan	I Can Help	Download	1974	5 Millionen
Britney Spears	Oops!... I Did It Again	Download	2000	5 Millionen
The Chipmunks and David Seville	The Chipmunk Song (Christmas Don't Be Late) Download		1958	5 Millionen

Was macht einen guten Song zu einem kommerziell erfolgreichen Lied? Bing Crosbys "White Christmas" führt laut dem Guinness Buch der Weltrekorde die Liste der kommerziell erfolgreichen Lieder mit großem Abstand an. Bing Crosby ist es gelungen einen modernen Musik-Klassiker zu schaffen, der jedes Jahr von neuem gut verkauft wird. Der modernen Familie war irgendwann die Lust auf traditionelle Lieder zum Fest vergangen, was eine ideale Nische frei machte. Alle Jahre wieder verkaufte sich der Hit. Kein Wunder, dass sich auch weitere Weihnachtslieder in den oberen Bereichen der Liste finden – aber auch die eine oder andere Überraschung.

Die Zahlen der verkauften Singles stammen aus verschiedenen Quellen und erheben keinen Anspruch auf Vollständigkeit. Teilweise stammen die Verkaufszahlen von den Plattenfirmen selbst, teilweise von Händlerverbänden. Dennoch zeigt die Liste eine gute Tendenz, welche erfolgreichen Lieder es zu weltweitem Ruhm gebracht haben.

Dabei fällt eindeutig auf: Besonders erfolgreiche Lieder stammen meist aus den USA oder aus Britannien. Die englische Sprache schafft es als einzige, über Ländergrenzen hinweg erfolgreiche Hits zu liefern. Wenige Überraschungshits, wie das erfolgreiche japanische Pop-Lied "Sukiyaki" oder Trios deutsches "Da Da Da" bilden überraschende Ausnahmen dieser sonst universellen Hit-Regel. Auch sieht man deutlich, dass die Zeit der kommerziell besonders erfolgreichen Lieder eher im letzten Jahrhundert liegt – illegale Downloads und eine Diversifizierung der Musikgeschmäcker mögen die Gründe dafür sein. Dennoch sind erfolgreiche Lieder von Gestern auch heute noch echte Ohrwürmer, wie man der Playlist eindeutig entnehmen kann.

Da staunt der Autor, wer hätte das gedacht, das Trio, Baccara oder auch die Scorpions so weit vorne plaziert sind. Sicherlich wusste ich, das z.B. Trio mit Da Da Da eine Nr. 2 in GB hatte, das die Scorpions bis heute seit den 70ern weltweit eine Tourneeattraktion sind, Kraftwerk oder Can sind in US oder GB-Plattenläden heute noch unter der Rubrik "Krautrock" (der einzige, eigenständige im Ausland anerkannte Deutsche Rock), Nena oder

Boney M hatten ihre Welthits usw. Aber Baccara mit 16 Millionen Einheiten auf Platz 9, das ist ein Ding! Interessante Liste! Und einen Fehler entdeckt: Bohemian Rhapsody ist natürlich von 1975...

CHAPTER 7

Eben Songs auf you tube aus dem neuen Marillion-Album F.E.A.R. gehört, das im eclipsed Mai 2017 in den Leser-Albumcharts auf Platz 1 verweilt. Eigentlich kommt jedes Marillion-Album in eclipsed auf Platz 1. Leider habe ich nach dem Ausstieg von Fish mich nicht mehr für die Band interessiert, was ein Fehler war. Überhaupt machte ich die letzten Jahrzehnte den Fehler, gute Musik zu überhören. Ich lese was in Rolling Stone, Eclipsed oder Good Times, oh interessant, eine CD-Box von Novalis, eine Band namens The Night Flight Orchestra - müsste der Kritik nach ein Album für mich sein, Quintessence - so oft Jahrzehnt für Jahrzehnt von denen gelesen - nie bewusst was gehört, Steve Hackett ist begnadet, ich höre auf you tube von ihm neue Sachen, aber das letzte Album in meinem Eigentum von ihm ist die Spectral Mornings... Ich könnte beliebig fortsetzen... In Zukunft werde ich definitiv in die Tiefen der Rockhistory schweben, es gibt Zehntausende Entdeckungen zu machen. Procol Harum hat ein neues Album: "Novum", Deep Purple hat Infinite herausgebracht (das letzte Album Now What?! hab ich auf CD) usw etc... Oder was alles vor 50 Jahren geschah: die Sgt. Pepper der Beatles, der Summer of Love, das Doors-Debut... Bekannte Sachen, logisch, aber ehrlich, die Sgt. Pepper z.B. hab ich momentan nicht. Es gäbe also auch bei den "MusikLebensKlassikern" viel aufzufrischen. Und viele Neuentdeckungen von Altem zu machen, das man schlicht nicht kannte: eine wahre Fundgrube hierzu sind z.B. die 3 Bände ROCK von Eclipsed mit ca 30 Bands pro Buch, mit allen Alben, Rezessionen, Karriereverlauf usw. Also, ich merke, ich möchte mein altes Lieblingshobby Musik wieder auffrischen - zugegeben, wurde von mir bisschen stiefmütterlich in letzter Zeit behandelt. Dabei: MUSIC WAS MY FIRST LOVE!

Marillion - Living In F E A R

From the album F*** Everyone And Run (FEAR)

The new studio album - available now from Racket Records.

CD - http://www.marillion.com/shop/albums/...

Vinyl - http://www.marillion.com/shop/albums/...

ITunes - http://smarturl.it/Marillion_applemusic

Sehe gerade beim hören des Marillion-Songs The New Kings, das neue Album erschien schon im Sept. 2016... Boah! Alte, geliebte Sounds hören mit noch nicht gehörten Alben alter Legenden! Darauf werde ich in Zukunft mein Augenmerk legen! Viele Tipps gibt es ja durch die Musikgazetten mit all den remasterten, alten Alben oder CD-Boxen oder Jubiläumsausgaben usw... Die Live At Leeds von The Who ist gegenüber dem Original doppelt so lang, plus dem eigentlichen Konzert von Leeds... Es gibt viel zu entdecken, neue Schmankerl bei Lebensklassikern oder die Abteilung: Wie klingt jetzt eigentlich komplett das Tago Mago-Album von Can? Oder für mich vollkommen neue Leute, die aber vom Namen her bekannt sind. Ich reite durch die Rock- und Pophistory :-D <3

https://youtu.be/DvbpKWV0G3E

Marillion - The Invisible Man - Out Of Season DVD

Find a better way of life at marillion.com.

CHAPTER 8

Gerd Steinkoenig

17. Mai 2014 um 22:39 ·

Der FC Bayern, Club der Bonzen, Bankster, Steuerbetrüger und von Leuten, die keine Ahnung vom Fußball haben, ist durch Betrug (vielleicht Schiedsrichterbestechung?) DFB-Pokalsieger geworden, 2:0 n.V. Der BVB hätte - wäre alles korrekt gewesen - 1:0 verdient gewonnen. Aber die Bonzen setzen sich halt auch im Fußball mit ihrem Geld durch.

14 Gefällt mir

Kommentare

18

Gerd Steinkoenig Die Hosen haben das schon richtig erkannt....

http://youtu.be/2enCPTeHcCc

Die Toten Hosen - Bayern

YOUTUBE.COM

17. Mai 2014 um 22:41

Richtig genutzt, sind facebook, twitter und Co für den eigenen Vorteil. Und es ist ein Tor zur Welt. Leider werden die sozialen Medien politisch, propagandistisch, religiös oft missbraucht. Dabei sind diese Medien die Möglichkeit Menschen zu einen. Seit 2010 bin ich bei fb Member und erlebte immer wieder, das die Menschen mit ihren Alltagsproblemen ähnlich sind. Durch fb-Freunde in Russland, Japan, USA oder Brasilien oder Italien oder Österreich oder V.A.E. erfuhr ich durch Postings und Dialoge vom gleichen Liebeskummergefühl, gleichen Frust auf die Arbeit, gleichen Wünschen und Hoffnungen, gleiche Freude über ein gewonnenes Fußballspiel, gleiche Lebensfreude, gleichen Saturday Night Fever, gleichen Sorgen über den Alltag usw... Die Mentalitäten, Probleme, Lebenseinstellungen sind verschieden, aber WE ARE ONE, ONE WORLD ONE FUTURE :-D

Natürlich - ONE WORLD ONE FUTURE - klingt naiv und idealistisch. Die Welt sieht anders aus, gerade die letzten Jahre (Trump, Putin, Erdogan, nur 3 Beispiele) sind ein Rückschritt in der moralischen und geistigen Entwicklung des Menschen. Aber es braucht Idealisten, sonst ist die Welt gar nicht zu retten. Stephen Hawking gibt der Menschheit auf diesem Planeten noch 100 Jahre, dann ist die Erde für unsere Spezies nicht mehr bewohnbar. Die Auslese lebt dann auf dem Mond? Im Endeffekt wird sowieso die Natur alles regeln. Die Evolution hört nie auf bis die Sonne verglüht...

CHAPTER 9

Gastauftritte in der Serie "Derrick":

In der Serie kam es zu zahlreichen Gastauftritten berühmter und profilierter Schauspieler. Hier eine Auswahl: Karin Anselm, Robert Atzorn, Karin Baal, Hartmut Becker, Heinz Bennent, Martin Benrath, Iris Berben, Christian Berkel, Monica Bleibtreu, Rolf Boysen, Klaus-Maria Brandauer, Charles Brauer, Horst Buchholz, Michael Degen, Heinz Drache, Sky du Mont, Horst Frank, Thomas Fritsch, Cornelia Froboess, Götz George, Uschi Glas, Michael Gwisdek, Martin Held, Michael Heltau, Klaus Höhne, Christiane Hörbiger, Hannelore Hoger, Brigitte

Horney, Curd Jürgens, Harald Juhnke, Wolfgang Kieling, Sebastian Koch, Thomas Kretschmann, Anja Kruse, Ruth-Maria Kubitschek, Heiner Lauterbach, Ruth Leuwerik, Klaus Löwitsch, Helmut Lohner, Siegfried Lowitz, Michael Mendl, Inge Meysel, Brigitte Mira, Richy Müller, Armin Mueller-Stahl, Günther Neutze, Jan Niklas, Uwe Ochsenknecht, Evelyn Opela, Lilli Palmer, Peter Pasetti, Rudolf Platte, Will Quadflieg, Carl Raddatz, Claude-Oliver Rudolph, Maria Schell, Ernst Schröder, Carl-Heinz Schroth, Günter Strack, Friedrich von Thun, Heidelinde Weis, Klausjürgen Wussow, Gisela Uhlen, Susanne Uhlen, Günther Ungeheuer, Christoph Waltz und Hanns Zischler.

Ist eine Liste aus einer Derrick-Wikipedia, ich hab ein paar Namen hinzugefügt. Für deutsche Krimiserien habe ich eine Schwäche. Legendär die Mutter aller ZDF-Freitagkrimis "Der Kommissar" (siehe Blood On The Rooftops, Band 1). Besonders die Serien und Episoden der 70er und 80er, auch 90er, zeigen einen Eindruck über den jeweiligen Gesellschaftszustand in der BRD. Sicherlich ist TV eine Scheinwelt und Erfindungen von Drehbuchautoren nicht für die Realität verwendbar. Aber der Zeitgeist ist zu erkennen, die Moden, die Autos, die Musik, die Sprechweise... Die Drehbücher waren großteils tatsächlich auch phantasievoller wie heute, wo es doch arg nach 08/15-Uniformierung geht (wie überall in den Medien, inkl der Popmusik...). Schaut wahllos in you tube nach einer Der Kommissar-Episode, oder einem 80er-Tatort (Schimanski!) oder nach einer Folge von meinem Deutschkrimi-Geheimfavorit: Die Straßen von Berlin. Macht Euch selbst ein Bild.

CHAPTER 10

All-Time-Charts Deutschland

Top 10 Auswertung (ab Monat 06/1959)

Erfolgreichster SongErfolgreichster Interpret

Platz	Punkte	Ersteinstieg		Song / Künstler
1	256	10.05.1971	NR.1	

HIT

Butterfly

Danyel Gerard

256   16.02.2007   NR.1

HIT

Ein Stern (... Der Deinen Namen Trägt)

DJ Ötzi & Nik P.

3   232   01.08.1970   NR.1

HIT

A Song Of Joy

Miguel Rios

4   218   17.04.1978   NR.1

HIT

Rivers Of Babylon

Boney M.

5   216   09.12.1996   NR.1

HIT

Time To Say Goodbye (Con Te Partiro)

Sarah Brightman & Andrea Bocelli

6   212   29.04.1991   NR.1

HIT

Wind Of Change

Scorpions

7   204   01.11.1959   NR.1

HIT

Marina

Rocco Granata

8   201   06.03.2009   NR.1

HIT

Poker Face

Lady Gaga

9   200   01.02.1960   NR.1

HIT

Banjo Boy

Jan & Kjeld

       200   25.05.1992   NR.1

HIT

It's My Life

Dr. Alban

11   199   19.05.1975   NR.1

HIT

Paloma Blanca

George Baker Selection

12   197   03.01.2014

Atemlos durch die Nacht

Helene Fischer

197   05.12.1994   NR.1

HIT

Conquest Of Paradise

Vangelis

.

197   31.12.1979   NR.1

HIT

Sun Of Jamaica

Goombay Dance Band

15   196   01.10.1959   NR.1

HIT

Unter Fremden Sternen (Fährt Ein Weißes Schiff Nach Honkong)

Freddy Quinn

16   191   17.09.2010   NR.1

HIT

Over The Rainbow

Israel Kamakawiwo'ole

17   190   30.04.1990   NR.1

HIT

Verdammt, Ich Lieb' Dich

Matthias Reim

18   188   01.06.1959   NR.1

HIT

Die Gitarre Und Das Meer

Freddy Quinn

19   186   15.06.1965   NR.1

HIT

Il Silenzio (Abschiedsmelodie)

Nini Rosso

20   184   27.02.1978   NR.1

HIT

Das Lied Der Schlümpfe

Vader Abraham

184   01.12.1959   NR.1

HIT

Marina

Will Brandes

184   04.05.1992   NR.1

HIT

Rhythm Is A Dancer

Snap!

184   05.08.1974   NR.1

HIT

Rock Your Baby

George McCrae

184   01.11.1961   NR.1

HIT

Tanze Mit Mir In Den Morgen

Gerhard Wendland

184   01.05.1961   NR.1

HIT

Vier Schimmel, ein Wagen (Hüh-a-hoh)

Trio Kolenka

184   01.04.1960   NR.1

HIT

Wir Wollen Niemals Auseinander Gehen

Heidi Brühl

27   183   26.01.1998   NR.1

HIT

My Heart Will Go On

Celine Dion

28   182   23.08.1976   NR.1

HIT

Daddy Cool

Boney M.

        182   17.05.2004   NR.1

HIT

Dragostea Din Tei

O-Zone

30   180   01.06.1959   NR.1

HIT

Am Tag Als Der Regen Kam (Regenbalade)

Dalida

        180   01.10.1960   NR.1

HIT

Ein Schiff Wird Kommen

Caterina Valente

        180   01.10.1960   NR.1

HIT

Ein Schiff wird kommen

Lale Andersen

180   01.10.1960   NR.1

HIT

Never On Sunday

Don Costa

34   179   05.08.1991   NR.1

HIT

(Everything I Do) I Do It For You

Bryan Adams

35   176   01.01.1961   NR.1

HIT

Ramona

Blue Diamonds

176   13.01.2017   NR.1

HIT

Shape Of You

Ed Sheeran

176   01.10.1961   NR.1

HIT

Weisse Rosen Aus Athen

Nana Mouskouri

38   172   15.06.1970   NR.1

HIT

El Condor Pasa

Simon & Garfunkel

39   170   25.03.2011   NR.1

HIT

On The Floor

Jennifer Lopez feat. Pitbull

40   168   13.01.1992   NR.1

HIT

Das Boot

U96

168   03.05.1982   NR.1

HIT

Maid Of Orleans (The Waltz Of Joan Of Arc)

O.M.D.

168   01.05.1967   NR.1

HIT

Puppet On A String

Sandie Shaw

43   167   17.06.1974   NR.1

HIT

Sugar Baby Love

The Rubettes

44   166   23.11.2007   NR.1

HIT

Apologize

Timbaland Pres. One Republic

166   27.07.1981   NR.1

HIT

Dance Little Bird

Electronica's

46   165   09.09.2016   NR.1

HIT

Human

Rag'n'Bone Man

47   163   17.10.2008   NR.1

HIT

Allein Allein

Polarkreis 18

163   29.03.1976   NR.1

HIT

Fernando

ABBA

163   16.02.1976   NR.1

HIT

Mississippi

Pussycat

163   14.09.1992   NR.1

HIT

Sweat (A La La La La Long)

Inner Circle

CHAPTER 11

Leben = Glück, Glück = Leben! Dieser rote Faden in der Synapsengrundordnung vereinfacht das Leben, trotz jenem Problem, oder jenem Tal, dadurch ist immer ein Licht im Tunnel erkennbar. Eine positive Lebensfreude als Selbstverständlichkeit im Lebensplan erleichtert das Erreichen der Ziele :-D

Jeder Mensch sollte/muss für sich wissen, was für ihn am Besten ist. Was ist für die Zukunft der nächsten ersten Jahre die richtige Lebensausrichtung, bringt für Körper/Geist/Seele den perfekten Flow? Welcher Plan im Zeitmanagment der Lebensjahre bringt die meisten Erfüllungen der Ziele und Träume im Einklang mit Glück und Zufriedenheit?

Hans Söllner - Mei Voda hot an Marihuanabam Songtext

Seid a bo wochn is a wia vaändat,

seid a bo wochn is a wieda jung,

er flaggt im rasn mittn in da sonna

und sogt des arbadn is mia doch vui z'dumm

32

Er drogt nur jeans und

de hor wachsn erm in sei gnack

er strahlt übas ganze gsicht

und de kotletten drogt a wia da elvis presley

i woaß ned wos is mid meim voda passiert.

Sei auto hod a scho lang nimma gwaschn

statt dem macht er jetz yoga jeden dog um oans

er hod an ohring und a bo gwand kettn

ja und oaf dia is er so unheimlich stoiz.

Da rasn derf nimma gmahnt wern er braucht wildnis

hod er zletzt unserm nachbarn gsogt

und weil der bled da hergred hod hod a sei hosn obe zong

und erm an nagadn arsch umezoagt.

Mei papa hod an Marijuahanabam

seid dem is der typ wieda ganz normal

mei voda raucht jedn dog a hand voi shit

und I aus brava bua,

i rauch natürlich mid

Geh weida buale hod er neilich moi gsagt zu mia

hau di zua weil do rauch ma uns gscheid ei

er hodn roadn libanesen üban disch umme gschom

i hob ma denkt dass is nimma da grei

und wia a zua war wia a nosn im winter

hod a sei ziddan firazat

und einen wahnsinns sound durch reichahoi gjogt

do hom sie d'ohrwaschl im dreieck draht

Er is a lustigs birschal woan mei voda

und a mei groaßmutta, die raucht fleißig mid

des war a arbad bis ma de soweit kappt ham

aba zum schluss hods es dann doch kappiert

Drum wachsn jetz in unserm rasen wo da voda owei

liegt die marijuhanabam in himme nauf

und jedn dog in da friah siegst as floggat de zwoa

eingehüllt in blauen rauch

Mei Voda hod an Marijuahanabam

seid dem is der typ wieda völlig normal

mei voda raucht jedn dog an eima voi shit

und I ois brava sohn rauch natürlich mid

CHAPTER 12

Momente, Tage, Wochen ohne "Zeit und Raum" erlebte ich 1986 für ca 5 Wochen bei einem spontanen, sogenannten Globetrotter-Trip mit einem Kumpel nach Spanien (inkl Frankreich, Schweiz). Erlebnisse, die man nur da erlebte! Die totale Freiheit ohne Zeitlimit ist möglich, scheitert aber im "normalen Leben" an den Fesseln des Staates. Natürlich kann ich machen was ich will - wenn das Jonglieren mit Gesetzen, Verordnungen, Behörden erfolgreich ist. Ein richtiger Weg wäre das bedingungslose Grundeinkommen. Nach Umfragen würden ca.

34

80 % trotzdem weiterhin arbeiten. Es würde viel Druck von den Menschen genommen, es beständen weniger Zwänge, die individuelle Lebensgestaltung wäre eher möglich. Das Geld in den Staatskassen müsste nur umgestaltet werden, freilich fehlt größtenteils - noch - der politische Wille. Schließlich wäre das Volk eigenständiger, unabhängiger.

CHAPTER 13

Die 100 besten Serien aller Zeiten: Plätze 05-01, gewählt vom Rolling Stone

05. Seinfeld (1989-98)

Eigentlich geht es um nicht viel in „Seinfeld". Jerry, George, Elaine und Kramer sind vier Freunde und im Grunde schreckliche Menschen. In ihrem skurrilen New-Yorker-Alltag finden Nazis ebenso einen thematischen Platz wie Schaumbäder, Astronautenkugelschreiber oder Hummer-Biskuits. Die Sitcom ist witzig, weil ihre Charaktere so seltsam sind. Die vier unliebsamen Freunde tun sich schreckliche Dinge an und bleiben trotzdem irgendwie sympathisch.

04. Mad Men (2007-15)

Es sind die Sechzigerjahre und Sales-Hustler Don Draper ist auf dem Gipfel seines Erfolges. In New York City hat er dabei alle Möglichkeiten diesen zu feiern. Auch bei seinem Arbeitgeber Sterling Cooper stehen Sex, Geld, Alkohol und Zigaretten an erster Stelle. Don ist ein Genie, wenn es darum geht, anderen Menschen ihre Träume zu verkaufen. Dabei ist er selbst ein einsamer Verlierer, der sich erst der Identität eines Toten bedienen musste, um sich sein Leben auf einem Gerüst aus Lügen zu erbauen. „Mad Men" ist so verführerische wie Don Draper selbst.

03. Breaking Bad (2008-13)

Mit Walter White, dem verbitterten High-School-Lehrer, der zu einem der größten Crystal-Meth-Dealer seiner Zeit wird, hat Vince Gilligan den Antihelden des 21. Jahrhunderts erschaffen. Bryan Cranston legte dabei eine meisterhafte Darstellung eines Mannes hin, der stets das Gute wollte und dennoch das Böse regelrecht erschuf: Eigentlich hat der trübselige Familienvater nur die Absicht für seine Familie zu sorgen, nachdem er von seinem tödlichen Lungenkrebs erfährt.

Als Chemieprofessor scheint ihm deshalb die Herstellung und der Verkauf von Crystal Meth als das logische Mittel. Doch das Böse nimmt überhand und sein teuflisches alter Ego Heisenberg wird zur Manifestation der menschlichen Abgründe. Wir sehen zu, wie ein gewöhnlicher Loser seine Machtfantasien auslebt und dabei durchdreht. Whites steigendem Einfluss und Vermögen, folgt eine Grausamkeit, die uns die dunkelste Seite des Amerikanischen Traums – „vom Tellerwäschers zum Millionär" – offenbart.

02. The Wire (2002-08)

Korrupte Politiker, Kriminelle, Polizisten und natürlich Drogen: Komponenten, die sogar den aktivsten Outdoor-Menschen auf die Couch zwingen. Die Show über das Drogenspiel in einer der zehn gefährlichsten Städte Amerikas machte einige Zuseher so süchtig, wie die Substanzen, um die es darin geht. In Baltimore passieren so viele Verbrechen, dass jede der insgesamt fünf Staffeln eine andere Geschichte erzählt. Aufregend, brutal und gefühlvoll vermittelt „The Wire" ein trauriges Bild von Amerika: Am Ende verlieren immer alle.

01. Sopranos (1999-2007)

Ursprünglich hatte es David Chase nicht leicht ein Netzwerk zu finden, das seine Geschichte über den reumütigen Gangster Tony Soprano verbreiten wollte. Heute wissen wir: Die Story von dem New-Jersey-Mob-Boss, der sich beim Psychiater über seine Übeltaten ausheult, während die Mama sein Ende plant, ist Gold wert. Mit den „Sopranos" schaffte es erstmals der vermeintliche Bösewicht in die Hauptrolle einer TV-Serie.

Darin brach Chase alle Tabus, indem er Kriminelle als einfache Menschen dargestellte. Tony Soprano lügt, um das Leben zu meistern – wie alle anderen auch. Die Serie bereitete den Weg für weitere sympathische Antihelden und Drogenbosse wie Walter White oder die liebliche Nancy Botwin aus „Weeds". Die Soprano-Gang, bestehend aus kaputten Ehemännern und Vätern, hielt sich dann auch ganze sechseinhalb Staffeln (Staffel sechs wurde in zwei Teilen ausgestrahlt und hatte 21 anstelle der sonstigen 13 Episoden).

Platz 2 und 3 sah ich leider noch nie.... Soviele Serien paralell, oder Pay-TV oder nur im Internet.... Aber die 2 Serien intreressieren mich, hab viel Gutes gehört... House of Cards, Homeland, Sons of Anarchy, House, Boston Legal sind 5 Serien aus dem 21. Jahrhundert, die mir spontan einfallen. Ansonsten: The Simpsons, Star Trek-Sagas, Miami Vice, Dallas, Denver-Clan, Einsatz in Manhattan (Kojak), Columbo, Quincy, Die Straßen von San Francisko, Monk, CSI-Serien, Golden Girls, Roseanne, Der Kommissar, Der Alte, Tatort, Raumpatrollie Orion, Mit Schirm Charme und Melone, Die Profis, Starskey & Hutch, Downton Abbey, Chicago Fire, The Closer, Chicago 1930, Bezaubernde Jeannie, Männerwirtschaft, Follyfoot Farm, OKAY SIR, Ein Colt für alle Fälle, Twin Peaks, Akte X, Millenium, Graf Yoster gibt sich die Ehre, Der Fahnder, Derrick, Ein Fall für Zwei, King of Queens, Mondbasis Alpha, Invasion von der Wega, Babylon 5, Bonanza, Die Leute von der Shiloh Ranch, Rauchende Colts, The Black List, Crossing Jordan, Drei Engel für Charly, Baywatch, Das A-Team, MacGyver, Vegas, Cannon, Percy Stuart, SOKO Leipzig, Polizeiruf 110 (inkl DDR-Folgen), Futurama, Familie Feuerstein, Der letzte Zeuge, Kir Royal, Daktari, Flipper, Am Fuß der blauen Berge, Trio mit vier Fäusten, Bugs Bunny, Pink Panther, The Peanuts, Der Bastian, Notruf Hafenkante, Inspektor Barnaby, Wallander, Beck, Letzte Spur Berlin. Die Zwei, Prison Break, Der Bulle von Tölz, NYPD Blue, Hill Street Blues, Magnum, Cold Case und und und und…. Zeitgeister, Entwicklungen der Gesellschaft (z.B. Mittlerer Westen/Sons of Anarchy) oder aktueller Politik (z.B. Homeland), Autos und Moden, Arten der Dialoge der jeweiligen Zeit usw... Dazu auch die Blood On The Rooftops-Bücher (besonders Band 1 mit Infos zu Miami Vice, Twin Peaks und Co...)

CHAPTER 13

Ob Bild"zeitung", Der Spiegel, Stern, Focus, FAZ, Die Zeit, Die Welt, taz, Süddeutsche Zeitung, wer auch immer: jede Publikation möchte ihre Meinung durchsetzen. Jeder Verlag hat seine eigene Interessen. Daher ist die 4. Staatsgewalt mit Vorsicht zu genießen. Natürlich ist die Berichterstattung objektiver und fundierter als von irgendwelchen Internetgurus wie diesem Hetzer Ken FM. Ein 10 Seiten-Bericht im Spiegel über ein bestimmtes Thema bringt mir immer mehr, als 3 Hetzzeilen in der Bild oder in der Internet-Propagandaschlacht. Propaganda ist das Stichwort: in den letzten Jahren hat sich diesbezüglich das Internet, der Cyperspace zu einer neuen Waffe, zu einer Macht entwickelt, die Wahlen entscheiden können (Trump, Brexit). Beim Fernsehen verhält es sich genauso: Zwischen ARD-Tagesschau, ZDF-heute journal oder RTL Aktuell wird es immer Unterschiede geben. Und was die neue Waffe betrifft: dann kommt z.B. Russia-TV in deutsch um die Ecke...

CHAPTER 14

Best Albums To Listen To When Stoned (taken from CANNABIS.NET)

Pink Floyd's Dark Side of the Moon: This is definitely my number one. Well, I don't know if I should even explain why. This album makes me feel like I'm on psychedelic drugs even when I'm not. That's how powerful I find every song on this album; magnify that feeling by toking some excellent bud and you're in for a mind and mood-altering journey like never before. Dark Side of the Moon is a timeless classic and has a little bit of everything; from the upbeat "Money" to the hallucinating qualities of "Time" and a very special mention to the out-of-this-world experience thanks to Claire Torry's vocals in "Great Gig in the Sky".

Recommended for: gloomy and rainy afternoons, tripping out at 2am before sleep, while you're at the beach

The Doors' Morrison Hotel: My love for Jim Morrison and The Doors is further proof that I was born in the wrong decade. In my eyes he was a true rock star and no one can compare. Much of the music speaks of psychedelia, sex, freedom, or simply the effects of booze and drugs – things that I myself still make use of today as a form of escapism AND which when done properly I think can take your mind to new dimensions. I love many of their songs and albums but this has to be my favorite. The vivid images, saturated film clips from the 60's that conjure up in my mind, dreamlike music, and deep throaty voice of Jim Morrison combined with weed – ah the perfect ingredients for a mental holiday. "Roadhouse Blues" is of course a classic, and as the first song of the album acts like a warm-up to what the rest of the album will offer. "Peace Frog"

Recommended for: road trips, going out of town, midnight listening with beer, pot, and friends

Sade's Lovers Rock: Moving forward to recent years… Sade sticks out in my mind because I was introduced to her music when I was going through a nasty breakup. A friend gave me the CD of Lovers Rock which I listened to obsessively. I never actually listened to Sade before that, but in her velvety-smooth music and deep yet syrupy voice, I found solace. I'd spend hours on my bed at night getting baked and surrendering to the sadness of the music, which, surprisingly brought me relief, and that's why I loved it. Listening to Sade while stoned was a HUGE help in getting over my breakup.

Recommended for: lonely nights, wake and bake mornings with coffee

The Beatles: I can't just pick ONE album from the Beatles. Am I right in thinking that they are the only band in human history that has covered the entire spectrum of human emotion in their songs? Whether it's listening to sad, melancholy tunes such as "Yesterday" or the crazy psychedelic tunes and lyrics from the Magical Mystery Tour Album, every pothead will definitely find something to appreciate when they want to zone out and bliss out.

Recommended for: lazy Saturday afternoons, after-work tokes

Kings of Leon's Mechanical Bull: When Sex on Fire became a mainstream favorite, I was instantly smitten by the sound of Kings of Leon. Many listening hours and bowls of pot later, I've decided that Mechanical Bull is my ultimate favorite. I love the bittersweet melody of "Beautiful War" but also can't get enough of the rock ballads "Coming Back Again", "Rock City", and of course, "Supersoaker" which I think everyone needs to listen to while really stoned.

Recommended for: wake and bake mornings with coffee, easy weekend nights

Ha ha ha, die Dark Side Of The Moon ist mein Lieblinsalbum Forever, Sade ist eine meiner 3 Lieblingssängerinnen, The Beatles gehören zu meinen Top 3 der Lieblingsbands, Doors und Kings of Leon gibts bei mir auch als Tonträger... Interessant, lach ;-)

CHAPTER 15

2 große Bildbände über John Lennon und Paul McCartney (Now and Then), die Rocklexikas von Joos/Graves/Kampmann (Rowohlt), die Rocksession-Bücher aus Ende 70er/Anfang 80er, die Greil Marcus-Bücher (z.B. Lipstick Traces) - über Musik, für Leute die Hintergründe erfahren wollen, gibt es sehr informative Bücher. In Zeiten von Wikipedia und

40

Oberflächlichkeit (Musik als Wegwerfware), ist Lesestoff ala Rock n Roll (Arnold Shaw) oder Kneifs Sachlexikon Rockmusik nicht mehr der Renner. Joos vervollständigt sein Rocklexikon nur noch online. Auf eine weitere Ausgabe nach 2008 wird man vergeblich warten (seit der Erstausgabe 1973 gab es diverse Reinkarnationen). Allerdings springen Musikpublikationen wie Rolling Stone, Musikexpress, Eclipsed, Good Times oder Vision in die Presche. Da ist immer mit History, Hintergrund, Backkatalog zu rechnen. Gott sei Dank...

CHAPTER 16

LIEBLINGE DES AUTORS

(taken from Wikipedias)

Nastassja Kinski (* 24. Januar 1961[1] als Nastassja Aglaia Nakszynski in West-Berlin)[2] ist eine deutsche Schauspielerin, die ihre größten Erfolge in den späten 1970er und 1980er Jahren hatte. Sie drehte in Deutschland, Frankreich und Hollywood mit Regisseuren wie Wim Wenders, Wolfgang Petersen, Roman Polański und Francis Ford Coppola. Zeitweise war sie eine der meistfotografierten Frauen der Welt und zierte zahlreiche Titelbilder. In manchem Filmabspann taucht sie auch unter den Namen Anastasiya Kinski, Nastassia Kinski oder Nastasha Kinski auf.

Jodie Foster (* 19. November 1962 in Los Angeles, Kalifornien; eigentlich Alicia Christian Foster) ist eine US-amerikanische Schauspielerin, Filmregisseurin, Filmproduzentin und zweifache Oscar-Preisträgerin.

Humphrey DeForest Bogart (* 25. Dezember 1899 in New York; † 14. Januar 1957 in Los Angeles) war ein amerikanischer Filmschauspieler. 1999 wählte ihn das American Film Institute zum „größten männlichen amerikanischen Filmstar aller Zeiten". Mit seinen Darstellungen harter, erfahrener, oftmals zynischer und konsequent einem inneren Moralkodex folgender Charaktere wurde er zu einer der schauspielerischen Ikonen des 20. Jahrhunderts.

Nachdem er seine Schauspielerkarriere beim Theater begonnen hatte, kam Bogart Ende der 1920er-Jahre mit dem Tonfilm nach Hollywood. Während der 1930er-Jahre war er vor allem als Nebendarsteller in Gangsterrollen bekannt, darunter in Der versteinerte Wald und Chicago – Engel mit schmutzigen Gesichtern. Anfang der 1940er-Jahre gelang ihm der große Durchbruch zum Filmstar. Insbesondere den Film noir prägte er mit Filmen wie Die Spur des Falken, Tote schlafen fest und Gangster in Key Largo wie kein anderer Darsteller. Seine wohl berühmteste Rolle ist der Cafebesitzer Rick Blaine aus dem 1942 gedrehten Kultfilm

Casablanca. Den Oscar als Bester Hauptdarsteller erhielt er für seinen Auftritt im Abenteuerfilm African Queen (1951).

Stanley Kubrick ([ˈkuːbɹɪk]; * 26. Juli 1928 in New York; † 7. März 1999 im Childwickbury Manor bei London) war ein US-amerikanischer Regisseur, Produzent und Drehbuchautor. Seine Filme werden vor allem für ihre tiefe intellektuelle Symbolik und ihre technische Perfektion gelobt. Kubrick versuchte das Medium selbst zu erforschen, indem er jedes Genre analytisch zerlegte, um seine Bestandteile zu etwas Neuem zusammenzusetzen. Der Regisseur war aber auch berüchtigt dafür, jede Szene bis ins kleinste Detail zu perfektionieren und dabei die Schauspieler bis an ihre psychischen und physischen Grenzen zu führen. Seine Filme oszillieren zwischen Ordnung und Chaos und ergeben so eine filmische Conditio humana.

Ihre Hauptthemen sind die Unnahbarkeit der Realität und das Scheitern der Menschlichkeit, ausgedrückt durch einfaches Akzeptieren, Ignorieren oder das Ringen der Protagonisten mit ihren dunklen, inneren Kräften oder Trieben. Authentizität, Kälte, Ehrlichkeit, Realität, Traum, Triebe sind die wohl wichtigsten Schlagwörter im Zusammenhang mit Kubricks Werken. Filmschaffende und -kritiker zählen ihn zu den bedeutendsten Filmemachern aller Zeiten.

The Beatles waren eine britische Beatband und später auch Rockband in den 1960er Jahren. Mit mehr als 600 Millionen[1] – nach Schätzungen ihrer Plattenfirma EMI sogar mehr als einer Milliarde[2] – verkauften Tonträgern sind sie die bisher kommerziell erfolgreichste Band der Musikgeschichte.

Die musikalischen Ursprünge der Band liegen im Rock ’n’ Roll der ausgehenden 1950er Jahre, in den dann sehr bald Stilelemente der Liverpooler Beatmusik einflossen. Ihre erste Single Love Me Do erschien 1962. Den weltweiten Durchbruch schaffte die Gruppe im Jahr 1963 mit der Single I Want to Hold Your Hand. Aufgrund ihres damals neuartigen Musikstils und ihres öffentlichen Auftretens entwickelten sie sich schnell zu einer der populärsten Bands. Den Höhepunkt ihrer Karriere erreichten die Beatles zwischen 1964 und 1968, als sie zeitweise in fast allen Ländern die Hitparaden anführten.

Im Jahr 1970 trennten sich die Wege der vier Bandmitglieder aufgrund interner Spannungen. Die Musiker verfolgten danach erfolgreich eigene Musikprojekte.

Pink Floyd war eine 1965 gegründete britische Rockband. Mit ihrer Musik, den Klängen und der visuellen Gestaltung ihrer Platten und Bühnenauftritte schuf sie einen unverwechselbaren und seinerzeit völlig neuartigen Stil, der von großem kommerziellen Erfolg war. Die Angaben über die Zahl ihrer verkauften Tonträger schwanken zwischen 260 und 300 Millionen.

Unter der Regie des ersten Sängers und Gitarristen Syd Barrett gehörte die Band zunächst zu der britischen Bewegung des Psychedelic Rock. Nach dem durch Drogenkonsum und psychische Probleme bedingten Ausstieg des Frontmanns entwickelten die verbliebenen Mitglieder einen neuen, eigenständigen Stil mit Einflüssen aus Progressive Rock, Blues, Jazz sowie klassischer und Neuer Musik.

Genesis ist eine 1967 gegründete, einflussreiche britische Rockband, die mit weltweit über 150 Millionen verkaufter Alben[1] bis heute zu den kommerziell erfolgreichsten zählt. Gekennzeichnet durch ihre sehr eigenständigen Mitglieder, durchlief die Band zwei sich deutlich voneinander unterscheidende musikalische Epochen.

Die anfängliche Kombination aus komplexen Songstrukturen, anspruchsvollen Instrumentierungen und Arrangements sowie theatralischen Live-Auftritten machte die ursprünglich fünfköpfige Formation bereits zu einem relativ frühen Zeitpunkt ihrer Karriere neben King Crimson, Emerson, Lake & Palmer und Yes zu einem der wichtigsten und beliebtesten Vertreter des Progressive Rock der 1970er Jahre.

Nach dem Ausstieg des Gründungsmitglieds und Frontmanns Peter Gabriel 1975 und des Gitarristen Steve Hackett 1977 machte das verbliebene Trio, bestehend aus Tony Banks, Phil Collins und Mike Rutherford, ab den späten 1970ern eine signifikante stilistische Wandlung durch. Mit ihrem nun zumeist radiotauglichen Mainstream-Rock wurde Genesis zu einer der kommerziell erfolgreichsten Musikgruppen der 1980er und frühen 1990er Jahre.

Nach Collins' vorläufigem Abschied von der Band wurde 1997 der Sänger Ray Wilson für ein Album samt nachfolgender Tournee engagiert. Anschließend trat die Band mit Anthologien ihrer bisherigen Stücke, Veröffentlichung von bislang nicht offiziell erhältlichem Archivmaterial und neuen SACD-Abmischungen ihrer Alben in Erscheinung. Im Sommer 2007 ging Genesis in Europa und Nordamerika wieder mit Phil Collins auf Tournee. Im März 2010 wurde Genesis als wichtige und einflussreiche Band in die Rock and Roll Hall of Fame aufgenommen.

Deep Purple [ˌdiːpˈpɜːpl̩] ist eine im April 1968 gegründete englische Rockband. Mit ihrem Stil, der vom Klang der Hammond-Orgel, markanten Gitarrenriffs, Improvisation, treibender Rhythmusarbeit und markantem Gesang geprägt ist, zählt sie zu den ersten und einflussreichsten Vertretern des Hard Rock[1] und des aufkeimenden Heavy Metal.[2] Das Guinness-Buch der Rekorde verzeichnete Deep Purple 1975 dank ihrer 10.000 Watt starken Marshall-PA-Anlage, die bis zu 117 dB erreichte, als „lauteste Popgruppe der Welt" (Loudest Pop Group).[3] Deep Purple gehört mit über 130 Millionen verkauften Alben[4] – nach manchen Schätzungen sind es 150 Millionen[5][6] – zu den weltweit kommerziell erfolgreichsten Rockbands.

Im Verlauf der von zahlreichen Besetzungswechseln geprägten Bandgeschichte erfolgten dabei auch musikalische Neuausrichtungen. Im Frühwerk der Band stehen Hard Rock, Psychedelic Rock, Progressive Rock[7] und Bluesrock (Hush) neben Annäherungsversuchen zwischen Rockmusik und Klassik (Concerto for Group and Orchestra, April). Stilprägenden Einfluss hinterließen dann jedoch vor allem die klassische Mark-II-Besetzung der 1970er Jahre, deren Schaffen stilbildende Alben wie Deep Purple in Rock, Machine Head und Made in Japan und prägnante Hard-Rock-Songs mit eingängigen Riffs wie Black Night, Smoke on the Water und Highway Star, einschließt, aber auch von besonderer Improvisationsfreude geprägt ist. Diese äußert sich einerseits in Titeln von ungewöhnlich langer Spieldauer wie Child in Time, andererseits bei den Live-Darbietungen der Songs, wie Space Truckin', die gegenüber den Studioversionen wesentlich in ihrer Länge ausgedehnt wurden. Deep Purple gelten durch Songs wie Fireball als Vorreiter des Genres Speed Metal[8] und mittels der Einflüsse des Gitarristen Ritchie Blackmore auf Songs wie Burn als Begründer des Neoklassischen Metal.[9] Die musikalische Bandbreite umfasst neben weiteren Einflüssen aus Jazz, Funk und Soul auch Balladen wie Soldier of Fortune. Die Band zählte von Anfang an [10] zu den bekanntesten und am meist tourenden Liveacts der Rockgeschichte.[11][12]

Deep Purple löste sich nach zahlreichen Querelen 1976 auf. Die Mitglieder formierten Nachfolgebands wie Rainbow, Whitesnake und Gillan, in denen ihre Musik ein musikalisches Erbe fand. Die Besetzungen seit der Wiedervereinigung von 1984 orientieren sich musikalisch an dieser erfolgreichsten Phase der Band, wenn auch seit den frühen 1990er Jahren verstärkt unter Hinzunahme poppiger und jazziger Elemente.

2016 wurde Deep Purple mit den ersten drei Bandbesetzungen - Mark I, Mark II sowie Mark III - in die Rock and Roll Hall of Fame aufgenommen.[13]

Led Zeppelin [ˌlɛdˈzɛplɪn] (Audio-Datei / Hörbeispiel anhören?/i) war eine englische Rockband. 1968 gegründet, gehört sie mit 300 Millionen verkauften Alben zu den erfolgreichsten Bands überhaupt.[1] Der Tod des Schlagzeugers John Bonham im September 1980 markierte das Ende der Band, die mit Sänger Robert Plant, Gitarrist Jimmy Page und Bassist John Paul Jones durchgehend in gleicher Besetzung aktiv war. Musikalisch gehörte Led Zeppelin zu den Pionieren des Hard Rock, Blues Rock, Progressive Rock sowie des aufkeimenden Heavy Metal, verarbeitete aber auch Einflüsse der Folkmusik.

The Police (engl. „die Polizei") war eine englische New-Wave-Band, die in den späten 1970er- und frühen 1980er-Jahren die Pop-Rock-Musik entscheidend beeinflusste. The Police ist eine der erfolgreichsten Rockformationen der Post-Punk- bzw. New Wave-Bewegung. Anfangs vom Reggae und Ska inspiriert, experimentierte das Trio später auch mit Elementen von Weltmusik und Jazz.

Vier von fünf Studioalben belegten Platz 1 der britischen Album-Charts, ebenso erfolgreich waren die Single-Auskopplungen Message in a Bottle (1979), Walking on the Moon (1979),

Don't Stand So Close to Me (1980), Every Little Thing She Does Is Magic (1981) und Every Breath You Take (1983).

Anlässlich der Grammy Awards 2007 gab The Police am 12. Februar 2007 ihr Comeback in der Musikbranche bekannt. Am 7. August 2008 gab die Band nach eigenen Angaben endgültig ihr letztes Konzert.

U2 [ju: tu:] ist eine irische Rockband. Sie entstand 1976 in Dublin, fand 1978 zu ihrem heutigen Namen und besteht seitdem aus dem Leadsänger Bono (Paul David Hewson), dem Gitarristen The Edge (David Howell Evans), dem Bassisten Adam Clayton und dem Schlagzeuger Larry Mullen junior.

Die Band wurde 1976 unter dem Namen Feedback gegründet. Im Jahr 1978 gewann die in U2 umbenannte Band eine Talentshow und erhielt mit dem Sieg ihren ersten Plattenvertrag. In den 1980er-Jahren wurde die Band kontinuierlich populärer und veröffentlichte seither zahlreiche Nummer-eins-Hits in verschiedenen Ländern.

Darüber hinaus setzt sich die Band für zahlreiche soziale und politische Projekte ein und thematisiert diese teilweise in ihren Songs.

David Bowie (* 8. Januar 1947 als David Robert Jones in Brixton, London; † 10. Januar 2016 in New York City) war ein britischer Musiker, Sänger, Produzent, Schauspieler und Maler. Er gilt als Ausnahmekünstler, der im Laufe seiner mehr als 40-jährigen Karriere mit 25 Studioalben dank seiner enormen Wandlungs- und Innovationsfähigkeit einer der einflussreichsten Musiker der Musikgeschichte war und mit mehr als 140 Millionen verkauften Tonträgern auch kommerziell Maßstäbe setzte.

Bob Marley [bɒb ˈmɑː(ɹ)li] (* 6. Februar 1945 in Nine Miles, Saint Ann Parish; † 11. Mai 1981 in Miami, Florida; eigentlich Robert Nesta Marley, ab März 1981 Berhane Selassie) war ein jamaikanischer Sänger, Gitarrist und Songwriter. Er war einer der bedeutendsten Vertreter des Reggae, dessen Mitbegründer er war und der durch ihn und seine Band The Wailers ab Mitte der 1970er Jahre international bekannt wurde.

Zu seinen bekanntesten Songs zählen Buffalo Soldier, Get Up, Stand Up, I Shot the Sheriff, No Woman, No Cry, Could You Be Loved?, Redemption Song und Stir It Up. Neben seinem musikalischen Werk verbreitete Marley die Botschaft der Rastafari-Bewegung. Für deren Anhänger und für viele Menschen der Dritten Welt war und ist Marley eine wichtige Identifikationsfigur.

Neil Percival Young,[1] OC, OM (* 12. November 1945 in Toronto, Ontario) ist ein kanadischer Rockmusiker. Er gilt als Godfather of Grunge und tritt mit der Band Crazy Horse, aber auch als Solokünstler und mit vielen anderen Bands und Künstlern auf, insbesondere mit David Crosby, Stephen Stills und Graham Nash als Crosby, Stills, Nash and Young (CSNY). Zu seinen populärsten Titeln gehören unter anderem The Needle and the Damage Done, Heart of Gold, Cinnamon Girl, Sugar Mountain, Like a Hurricane, Rockin' in the Free World und Hey Hey, My My. Seine Karriere begann 1966 mit der Band Buffalo Springfield und dauert bis heute an.

Kate Bush, CBE (* 30. Juli 1958 in Bexleyheath, Kent (heute London); eigentlich Catherine Bush) ist eine britische Sängerin, Pianistin, Songwriterin und Musikproduzentin. Zu ihren bekanntesten Liedern gehören Wuthering Heights, Babooshka und Running Up That Hill.

Sade Adu [ʃɑːˈdeɪ], OBE (* 16. Januar 1959 als Helen Folasade Adu in Ibadan, Nigeria)[1], auch oft nur Sade genannt, ist eine nigerianisch-britische Smooth-Jazz-, Soul- und R&B-Sängerin sowie mehrfache Grammy-Preisträgerin. Bis heute verkaufte sie über 50 Millionen Tonträger. Ihr erfolgreichster Song ist der 1984 erschienene Titel Smooth Operator ihres Debütalbums Diamond Life.

Janis Joplin (* 19. Januar 1943 in Port Arthur, Texas; † 4. Oktober 1970 in Los Angeles, Kalifornien) war eine US-amerikanische Rock-Sängerin.

Die Simpsons ist eine von Matt Groening geschaffene, vielfach ausgezeichnete US-amerikanische Zeichentrickserie des Senders Fox. Sie ist die am längsten laufende US-Zeichentrickserie; bisher entstanden in 28 Staffeln über 600 Episoden. Im November 2016 wurde die Produktion einer 29. und 30. Staffel angekündigt.[1] Ende Juli 2007 erschien außerdem der Kinofilm Die Simpsons – Der Film. Daneben gibt es auch Comics und Computerspiele mit den Simpsons.

Im Mittelpunkt der Serie steht die Familie Simpson, bestehend aus den Eltern Homer und Marge sowie ihren Kindern Bart, Lisa und Maggie. Die Handlung persifliert häufig Aspekte des US-amerikanischen Alltagslebens.

Zusammen mit den Blood On The Rooftops-Büchern (plus Gerds Blood-Booklet, hahaha) ergeben sich diverse Aspekte zu den selben Themen. Hier ist ein Genesis-Ausschnitt aus Wikipedia, in den "Blood-Büchern" findet sich selbst geschriebenes über Genesis mit philosophischem Ansatz. Pink Floyd z.B. hat bei "Blood" u.a. einen Wiki-Ausschnitt zur Dark

Side Of The Moon.

Von den Wikis entnahm ich nur den jeweiligen Absatz vor dem Inhaltsverzeichnis - daher ist z.B. von Janis nur der eine Satz dabei ;-) Natürlich hätte ich auch die Eagles, Depeche Mode, BAP, Udo Lindenberg, Chuck Berry, AC/DC, Stevie Wonder, Annie Lennox, Miami Vice, Götz George (Schimanski bis Der Totmacher), Star Trek, Alfred Hitchcock, Nena, Guns n Roses, Rolling Stones, Coldplay, Amy Winehouse, Jethro Tull, Der Kommissar, Dallas, James Bond, Stephen King, R.E.M., Supertramp, Prince, Easy Rider, Rocky-Filme, Die gute Erde (Pearl S. Buck), oder sonst wen dazu nehmen können - eben Lieblinge des Autors, lach :-D

CHAPTER 17

Die Menschheit sollte mehr Demut haben (bei vielen überhaupt einmal Demut), sollte das Sein genießen. Wie oft passiert es, das ein fulminantes Naturschauspiel mit einer rötlich untergehenden Sonne von der Schöpfung zelebriert wird, aber die Meisten laufen/fahren hektisch vorbei! Öfter in sich gehen, die täglichen Wunder als Wunder begreifen. Wir sind auf einem rasend schnellen Raumschiff, was viele nicht zu checken scheinen. Auf der Erde proklamiert jeder seine Heimat - wenn´s sein muss mit Waffengewalt - dabei ist unser Heimatplanet in jeder Sekunde woanders. Unsere Heimat ist die Umlaufbahn um die Sonne. Leider kapieren viele Politiker/Machtmenschen nicht, das wir die Erde gerade zerstören. Noch nie war solch ein Artensterben wie momentan! Wir sägen uns den Ast ab, auf dem wir sitzen (ok, das sind 5 Euro für´s Phrasenschwein, lach). Aber es ist ja so! Und dann laufen Idioten rum wie Trump, für den der Klimawandel eine Erfindung der Chinesen ist. Wissenschaftliche Tatsachen interessieren dem Orangenkopf einen Dreck. Nach mir die Sintflut, ist das Denken von vielen. Profit und Macht sind dann halt wichtiger - die eigene Hütte auf Barbados ist ja sicher... Schaut man von oben auf die Erde (da möchte ich BR-Space Night empfehlen!) herrscht eine göttliche Ruhe, sieht der Planet majestätisch aus - nichts zu sehen von Grenzen, Mördern, Terroristen, Bankstern, Ghettos....

Classic Rock Soundtrackfür das Raumschiff Erde (Musik vereint - zumindest im Normalfall...)

Go Your Own Way - Fleetwood Mac (taken from the album "Rumours")

Show Me The Way - Peter Frampton ("Frampton Comes Alive")

Urgent - Foreigner ("4")

Amanda - Boston ("Third Stage")

Jump - Van Halen ("1984")

Comfortably Numb - Pink Floyd (Live-Version "P.U.L.S.E.")

Put Your Lights On - Santana feat. Everlast ("Supernatural")

Eagle - Abba ("The Album")

Child In Time - Deep Purple ("In Rock")

Burning Rope - Genesis ("and then there were three")

Message In A Bottle - The Police ("Regatta De Blanc")

Dazed And Confused - Led Zeppelin (Live-Version "The Song Remains The Same")

"Ihr könnt genauso gut erwarten, dass die Flüsse rückwärts fließen, als dass ein Mensch, der frei geboren wurde, damit zufrieden ist, eingepfercht zu leben, ohne Freiheit, zu gehen, wohin er beliebt!"

Chief Joseph, Nez Percé (1903)

"You'll Never Walk Alone"

When you walk through a storm hold your head up high

And don't be afraid of the dark.

At the end of a storm is a golden sky

And the sweet silver song of a lark.

Walk on through the wind,

Walk on through the rain,

Tho' your dreams be tossed and blown.

Walk on, walk on with hope in your heart

And you'll never walk alone,

You'll never, ever walk alone.

Walk on, walk on with hope in your heart

And you'll never walk alone,

You'll never, ever walk alone.

https://youtu.be/j72tBjGNlxl

You'll Never Walk Alone (Liverpool vs Dortmund 14th April 2016)

NACHWORT

Das war dann nochmal ein Versuch - aber ist wohl doch nur eine andere Blood On The Rooftops-Version... Headliner bleibt für mich persönlich der 1. Band von "Blood" mit der Songliste von zig Seiten, den diversen Albumlisten-Versionen, Sachen wie über die Idylle, Samstage oder eine Hommage an die Frauen ist auch dabei. So, das waar´s, höchstwahrscheinlich schreib ich nie mehr ein Buch!!! Ich hab meine Versionen/Visionen versucht.

Ach ja, mit ihm würde ich mal gerne diskutieren "über Gott und die Welt"... Sehenswert seine ZDF-Gesprächssendung "Precht", er ist mir immer wieder eine Inspiration: Richard David Precht (* 8. Dezember 1964 in Solingen) ist ein deutscher Philosoph und Publizist. Er ist Honorarprofessor für Philosophie an der Leuphana Universität Lüneburg, und Honorarprofessor für Philosophie und Ästhetik an der Hochschule für Musik Hanns Eisler in Berlin. Sein Bestseller Wer bin ich – und wenn ja, wie viele? wurde als Buch im Februar 2008 auf den ersten Platz der Spiegel-Bestsellerliste genommen und blieb dort bis Oktober 2012. Precht hält damit den Langzeitrekord auf der Spiegel-Bestsellerliste. Laut Buchreport war es das erfolgreichste deutsche Hardcover-Sachbuch des Jahres 2008 und belegte in den Bestsellern des Jahrzehnts (2000–2010) den dritten Platz.

Annweiler am Trifels, 19. Mai 2017

Buchtitelfoto vom Autor (der Selbige plus seiner Katze Molly 2010)

Herstellung und Verlag:
BoD - Books on Demand, Norderstedt
ISBN 978-3-7448-2263-3